BEI GRIN MACHT SICH IHR WISSEN BEZAHLT

- Wir veröffentlichen Ihre Hausarbeit, Bachelor- und Masterarbeit

- Ihr eigenes eBook und Buch - weltweit in allen wichtigen Shops

- Verdienen Sie an jedem Verkauf

Jetzt bei www.GRIN.com hochladen und kostenlos publizieren

Bibliografische Information der Deutschen Nationalbibliothek:

Die Deutsche Bibliothek verzeichnet diese Publikation in der Deutschen National-
bibliografie; detaillierte bibliografische Daten sind im Internet über http://dnb.d-
nb.de/ abrufbar.

Impressum:

Copyright © 2016 GRIN Verlag, Open Publishing GmbH
Druck und Bindung: Books on Demand GmbH, Norderstedt Germany
ISBN: 9783668250598

Dieses Buch bei GRIN:

http://www.grin.com/de/e-book/333877/der-umgang-mit-kriegsgefangenen-und-
zwangsarbeitern-im-nationalsozialismus

Jonathan Drewes

Der Umgang mit Kriegsgefangenen und Zwangsarbeitern im Nationalsozialismus

GRIN Verlag

GRIN - Your knowledge has value

Der GRIN Verlag publiziert seit 1998 wissenschaftliche Arbeiten von Studenten, Hochschullehrern und anderen Akademikern als eBook und gedrucktes Buch. Die Verlagswebsite www.grin.com ist die ideale Plattform zur Veröffentlichung von Hausarbeiten, Abschlussarbeiten, wissenschaftlichen Aufsätzen, Dissertationen und Fachbüchern.

Besuchen Sie uns im Internet:

http://www.grin.com/

http://www.facebook.com/grincom

http://www.twitter.com/grin_com

Der Umgang mit Zwangsarbeitern und Kriegsgefangenen im Nationalsozialismus

Hausarbeit

Leistungskurs Geschichte Q2

Jonathan Drewes

Gymnasium Oberursel

1. Juli 2016

Inhalt

1. Vorwort

Zwangsarbeit in ihren unterschiedlichen Ausprägungen gehört zu den wichtigsten histori-schen Lasten die das NS-Regime hinterlassen hat. Die Aufarbeitung des Unrechts hat Po-litik und Gerichte bis in die heutige Zeit beschäftigt.

Diese Arbeit untersucht die verschiedenen Formen von Zwangsarbeit und versucht eine rechtliche Differenzierung unter Aspekten des Völkerrechts. Dabei wird auf die wirtschaftli-chen Interessen des NS-Regimes, Rahmenbedingungen und Folgen für die Zwangsarbei-ter selber eingegangen.

Abschließend wird die Entwicklung der Diskussion um Entschädigungsleistung in der Zeit vom Kriegsende bis heute vorgenommen.

Für die Recherche wurde zunächst das Thema über eine Internetrecherche abgegrenzt. Ausgehend von amtlichen und nicht amtlichen Informationsquellen (u.a. Stiftung…, diverse Memorial-Seiten, Bundesarchiv) wurden Informationsquellen und weiter Literatur ausge-wählt. Ergänzend wurde eine Literaturrecherche u.a. in der Stadtbibliothek durchgeführt. Zur Bewertung des rechtlichen Rahmens wurden die relevanten Gesetzestexte und Urteile des Bundesverfassungsgerichtes gesichtet.

Statistische Daten zur Thematik konnten über Online-Quellen erschlossen werden. Je nach Datenquelle und zugrunde gelegten Abgrenzungen von Zwangsarbeit variieren die Daten stark. Für eine Bewertung der Größenordnung und Tragweite im Sinne der Aufga-benstellung war die Datenqualität jedoch ausreichend. Auf Grundlage der zahlreichen Primär- und Sekundärquellen wird abschließend eine Bewertung der Zwangsarbeit im Na-tionalsozialismus vorgenommen.

2. Begriffsbestimmung

Die Internationale Arbeitsorganisation (ILO) definierte 1930 in Art. 2 Abs. 1 die Zwangsar-beit als „unfreiwillige Arbeit oder Dienstleistung, die unter Androhung einer Strafe ausge-übt wird"[1].

Zwangsarbeit kam während des NS-Regimes in unterschiedlichen Formen vor. Die Brandbreite reicht von einer generellen Arbeitspflicht bis hin zu „Vernichtung durch Arbeit" in Konzentrationslagern. Betroffene Gruppen von Menschen waren Zivilbevölkerung in besetzten Gebieten, Strafgefangene, rassistisch oder politisch Verfolgte und Kriegsgefan-gene. Die Arbeitseinsätze reichten von Zwangsdiensten in Haushalten oder Landwirtschaft

---

[1] Siehe: Piper, Ernst, Das Zeitalter der Weltkriege 1914-1945. Bonn 2015, S. 136

bis zu Fabrikarbeit und lebensgefährlichen Hilfsarbeiten an der Front. Zur Vereinfachung wird in dieser Arbeit unterschieden zwischen:

- Zwangsverpflichteten „Fremdarbeitern":
  - o In den besetzten Gebieten wurden zunächst Freiwillige (u.a. Böhmen, später auch zwangsweise Arbeiter angeworben und im „Reichsgebiet" überwiegend in der kriegsrelevanten Industrie eingesetzt. Von formal abgeschlossenen Arbeitsverträgen bis zur gewaltsamen Zwangsrekrutierung (u.a. Ukraine) kamen verschiedene Abstufungen vor.

- Straf-/ und politisch Verfolgten
  - o Zu den vom NS-Regime politisch Verfolgten zählten generell alle Anhänger regimekritischer politischen Ausrichtungen, insbesondere Sozialisten (Mitglieder der KPD und SPD) und Demokraten (u.a Mitglieder der Zentrumspartei), sowie Wiederstandskämpfer. Bereits kurz nach der Machtübernahme wurden für sie die ersten Konzentrationslager errichtet, allerdings lag im Lageralltag nicht der Fokus auf produktiver Arbeit, sondern auf „Arbeit zur Umerziehung". Ziel des Regimes war es ein Umdenken und die „Resozialisierung" zu erzwingen.

- Rassistisch Verfolgten in Konzentrationslagern
  - o „Rassisch unterlegene" Volksgruppen und Religionen, wie Juden, Sinti und Roma und religiöse Sekten erfuhren eine extreme Verfolgung unter den Nationalsozialisten und wurden ähnlich wie politisch Verfolgte in Konzentrationslagern interniert. Allerdings war hier die Planung, eine „Vernichtung durch Arbeit" herbeizuführen. Gegen Kriegsende entstanden dann Massenvernichtungslager (z.B. Auschwitz), um die „Ausrottung dieser Rassen" schneller voranzutreiben.

- Kriegsgefangenen
  - o Bei Kriegsgefangenen muss zwischen osteuropäischen und westlichen unterschieden werden. Während das NS-Regime westliche (Briten, Amerikaner und Franzosen) Gefangene großteils den Genfer Konventionen entsprechend behandelte, wurden osteuropäische Gefangene unter unmenschlichen Bedingungen untergebracht, erst mit dem Bedarf an zusätzlicher Arbeitskraft im Verlaufe des Krieges erfuhren sie eine bessere, aber immer noch unmenschliche, Behandlung. Eine ähnlich Behandlung erfuhren italienische Kriegsgefangene, da Italiens neue Regierung sich nach Mussulinis Tod 1943 den Alliierten anschloss und somit als „Verräter" galt.

- Allgemeiner Arbeitszwang für die deutsche Bevölkerung wird nicht als Zwangsarbeit im Sinne dieser Hausarbeit untersucht, obwohl einige Kriterien für Zwangsarbeit gegeben sein können.

3. rechtlicher Rahmen von Zwangsarbeit

Die Konvention Nr. 29 der Internationalen Arbeitsorganisation setzt einen völkerrechtlich verbindlichen Rahmen für Zwangsarbeit. Danach zählt Arbeitszwang für Straftäter nicht als Zwangsarbeit (Art. 2 (2c)). Art. 2 bis 6 der Konvention verbieten zwangsweisen Arbeitseinsatz zum Vorteil von Privatpersonen, Unternehmen oder Vereinigungen. Ferner enthält die Konvention Regelungen zu Art und Dauer von zwangsweisen Arbeitseinsätzen, die – unter für die damalige Zeit restriktiven Regelungen – gleichwohl rechtmäßig sein können.[2]

Für die Zeit des NS Regimes gilt ferner die (dritte) Genfer Konvention in der Fassung von 1929. Diese regelt die Behandlung von Kriegsgefangenen – z.B. die Forderung nach einer menschlichen Behandlung (Art. 13), die Art der Unterbringung in Lagern (Art. 21 und 22). Artikel 49 erlaub das Heranziehen von Kriegsgefangenen zu bestimmten Arbeiten; so sind zwangsweise Einsätze in der Landwirtschaft, Bau- und Instandsetzungsarbeiten gegen Vergütung erlaubt, während jeglicher Einsatz von militärischem Nutzen, einschließlich in der Rüstungsindustrie, strikt untersagt. Die Behandlung muss mit der der Zivilbevölkerung vergleichbar sein, gesundheitsgefährdende Tätigkeiten sind untersagt (Art. 49, 53, 54 u.a.)[3]. Da die deutsche Regierung, damals noch in der Weimarer Republik, das Abkommen ratifiziert hatte, galt die Genfer Konvention auch für Deutschland im Zweiten Weltkrieg.

Bei kriegsgefangenen Soldaten oder Armeeangehörigen gestaltete sich das aber anders. Aufgrund der Genfer Konvention von 1929, die heute immer noch gilt, ist Zwangsarbeit in kriegsrelevanten Industriezweigen, wie z.B. der Rüstungsindustrie, für Kriegsgefangene untersagt. In anderen Industriezweigen darf körperlich wenig belastende Arbeit verrichtet werden, allerdings muss diese entgeltet werden. Ebenso muss eine hygienische Unterbringung mit regelmäßigem Arztbesuch und ausreichender Lebensmittelversorgung garantiert werden, nach Artikel 79 darf und muss das unabhängige Rote Kreuz Kontrollen durchführen .[4]

---

[2] Vergleiche: http://www.ilo.org/dyn/normlex/en/f?p=NORMLEXPUB:12100:0::NO::P12100_ILO_CODE:C02
[3] Dritte Genfer Konvention von 1929, Quelle online:
https://www.ris.bka.gv.at/GeltendeFassung.wxe?Abfrage=Bundesnormen&Gesetzesnummer=10000191
[4] Quelle: http://www.bpb.de/politik/hintergrund-aktuell/188857/genfer-abkommen-von-1929-27-07-2014

Allerdings sorgten zwei Faktoren dafür, dass dies im Umgang mit den osteuropäischen Kriegsgefangenen und Zivilisten (großteils Polen und Bürger der Sowjetunion) nicht der Fall war: Zum einen hatte die Sowjetunion die Genfer Konvention nicht unterzeichnet und garantierte also keine entsprechende Behandlung deutscher Kriegsgefangenen. Zum anderen sprach die Rassenideologie der Nationalsozialisten den osteuropäischen Völkern kein Überlebensrecht zu, sodass eine „Vernichtung durch Arbeit" von den Besatzern angestrebt und teilweise sogar als notwendig betrachtet wurde.

Für zivile „Fremdarbeiter" – unabhängig davon, ob formal freiwillig oder zwangsweise beschäftigt – findet die Genfer Konvention keine Anwendung. Grundlage ist hier theoretisch zunächst das damals geltende Arbeitsrecht. Durch das Tarifrecht von 1918 waren deutsche und ausländische Arbeitskräfte gleichgestellt. Zumindest offiziell wurde dieses Recht auch während des Krieges nie aufgehoben: So hatte diese Regelung formell auch noch für die späteren Zwangsarbeiter Geltung.

Für die ab 1942 aus der damaligen Sowjetunion verschleppten Zwangsarbeiter – rund 3 Mio. – wurden eigens Sondergesetze erlassen, die so genannten Ostarbeiter Erlasse [5]. Diese sehen unter anderem eine Kennzeichnung (Blauer Aufnäher, Aufschrift „Ost") vor sowie Maßnahmen gegen die Flucht der Zwangsarbeiter.

Rassistisch/ politisch Inhaftierte besaßen aus Sicht des NS-Regimes keinerlei rechtlichen Schutz. In Bezug auf die aus rassistischen Gründen internierten und zur Arbeit ausgebeuteten Zwangsarbeiter bieten für das damalige Regime die „Nürnberger Gesetze" von 1935 eine Legitimation. Diese entziehen Personengruppen „nicht deutschen Blutes" faktisch alle staatsbürgerlichen Rechte.[6] Völkerrechtlich sind diese Gesetze, obwohl vom Reichstag formal verabschiedet, bestenfalls zweifelhaft und nicht legitim. Da sie für die Behandlung großer Teil der Zwangsarbeiter in Konzentrationslagern jedoch relevant sind, werden sie hier aufgeführt.

4. Herkunft und Zusammensetzung

Neben Kriegsgefangenen und Häftlingen der Konzentrationslager sowie anderer Lager und Gefängnisse mussten rund 8,5 Millionen ausländische Zivilarbeiter zwischen 1939 und 1945 für den NS-Staat Zwangsarbeit leisten.

---

[5] http://www.bundesarchiv.de/zwangsarbeit/dokumente/texte/00357/index.html
[6] Quelle online: http://www.1000dokumente.de/index.html?c=dokument_de&dokument=0007_nue&l=de
Reichsbürgergesetz und Gesetz zum Schutze des deutschen Blutes und der deutschen Ehre ["Nürnberger Gesetze"], 15. September 1935, und die beiden ersten Ausführungsbestimmungen, 14. November 1935

Bis Herbst 1941 wurden sogenannte Zivilarbeiter vor allem in der Landwirtschaft eingesetzt, danach zunehmend auch in der Rüstungsindustrie sowie in anderen kriegswichtigen
Industrien, schließlich in fast allen Arbeitsbereichen –von Einzelhaushalten über mittel-
ständische Unternehmen bis hin zu Großbetrieben. Die größte Gruppe der männlichen
und weiblichen Zivilarbeiter stammte aus der Sowjetunion (ca. 2.775.000), gefolgt von
Menschen aus Polen (ca. 1.600.000) und Frankreich (ca. 1.050.000)[7]. Mehr als die Hälfte
der zur Zwangsarbeit eingesetzten polnischen und sowjetischen Zivilarbeitskräfte waren
Frauen; nicht wenige der Verschleppten waren noch minderjährig, auch wenn hier eine
genaue statistische Erfassung kaum möglich ist aufgrund der willkürlichen Verschleppun-
gen der Besatzer.

Einen weiteren großen Anteil bildeten italienische Kriegsgefangene. Insgesamt waren ca.
960.000 Zwangsarbeiter, großteils Kriegsgefangene, im Einsatz, allerdings erst mit Italiens
Anschluss an die Alliierten im Jahr 1943.

5. Historischer Kontext

Die Kriegsvorbereitung nach der „Machtergreifung" war mit einem hohen Bedarf an Arbei-
tern verbunden. Nach Beginn des Krieges verstärkte sich dies durch den Militärdienst der
arbeitsfähigen Männer. Zunehmend wurden daher auch Frauen zum Arbeitsdienst ver-
pflichtet, obwohl dies im Widerspruch steht zur Rolle der Frau nach dem Leitbild der Nationalsozialisten. Der Arbeitskräftebedarf in Industrie und Landwirtschaft konnte mit Fort-
schreiten des Krieges so nicht mehr gedeckt werden. Es gibt Hinweise darauf, dass die
nationalsozialistische Führung bei der Planung der Kriegszüge bereits die Ausbeutung von
Arbeitskräften in den zu erobernden Gebieten von vornherein miteingeplant hatte, ab 1942
wäre eine Weiterführung des Krieges ohne Zwangsarbeiter nicht mehr möglich gewesen[8].

Nach Kriegsbeginn rekrutierte Deutschland dann in größerem Maßstab ausländische Arbeitskräfte in den besetzten Gebieten für den „Reichseinsatz", zunächst in Polen, bald
auch in den besetzten westeuropäischen Ländern sowie in den mit dem Deutschen Reich
verbündeten Staaten. War der Arbeitseinsatz der ausländischen Zivilarbeiter zunächst
freiwillig, so wurde vor allem in Polen und später der Sowjetunion bereits nach kurzer Zeit
Zwang und Gewalt bei der Rekrutierung von Arbeitskräften ausgeübt. Hintergrund dafür
war, dass die Bereitschaft der Bevölkerung, zum Arbeitseinsatz nach Deutschland zu ge-
hen, rapide abnahm, nachdem die schlechten Arbeits- und Lebensbedingungen der Zivil-

---

[7] Siehe: Piper, Ernst, Das Zeitalter der Weltkriege 1914-1945. Bonn 2015, S. 147 f.
[8] Siehe: Neumann, Klaus, Vernichtungskrieg-Verbrechen der Wehrmacht 1941-1944. Hamburg 1995, S.95

arbeiter im Deutschen Reich bekannt geworden waren. In Polen wurden bereits im Frühjahr 1940 regelrechte Menschenjagden zur Rekrutierung von Arbeitskräften durchgeführt. Hatte die deutsche Führung wie auch die deutsche Bevölkerung den Einsatz von Arbeitskräften aus der Sowjetunion zunächst abgelehnt, begann nach Scheitern des „Blitzkrieges" in der UdSSR 1942 auch die massenhafte, von Anfang an gewaltsam verlaufende Rekrutierung von Zwangsarbeiterinnen und Zwangsarbeitern aus der Sowjetunion. So befahl etwa die 20. Infanterie-Division im September 1941 alle männlichen Einwohner der nordrussischen Stadt Schlüsselburg zwischen 15 und 55 Jahren zur Zwangsarbeit. Jeder, der dem Befehl nicht folgte wurde als Saboteur erschossen[9].

In zweieinhalb Jahren wurden über 2,5 Millionen Menschen aus der UdSSR zum Arbeitseinsatz ins Reich verschleppt. Die Zwangsarbeiter waren bis auf wenige Ausnahmen in Lagern untergebracht, die über das gesamte Reichsgebiet verteilt waren. Die Gesamtanzahl der Arbeitslager bei kurz vor dem Kriegsende wird auf über 20.000 geschätzt[10]. Gleichzeitig gab es außerhalb des Reichsgebietes Zivilarbeitslager, faktisch überall dort, wo die Wehrmacht Gebiete besetzt hielt. Deportationen von Zivilarbeitern und Kriegsgefangenen waren dabei an der Tagesordnung: So wurden u.a. in Norwegen neben Kriegsgefangenen und inhaftierten jugoslawischen Partisanen auch männliche und weibliche Zivilarbeiter zu Bauarbeiten eingesetzt, zum Teil aus Norwegen, daneben auch aus dem besetzten Osteuropa.

6. Einsatzarten,

Zwangsarbeiter wurden in fast allen Produktionsbereichen eingesetzt, hauptsächlich in der kriegsrelevanten Industrie (Rüstungsfabriken) und Landwirtschaft.

Teilweise reichte die Zwangsarbeit sogar bis in die Familien, wo junge Frauen aus Osteuropa als Haushaltshilfen und Kindermädchen eingesetzt wurden. In der bäuerlichen Landwirtschaft des Dritten Reiches war die Ernährungssituation für die Zwangsarbeiter oft wesentlich besser und auch die Vorschriften der „Ostarbeitererlasse" konnten dort nicht vollständig umgesetzt werden, zudem war die deutsche Landbevölkerung bereits vor Kriegsbeginn (freiwillige) osteuropäische Saisonarbeiter gewohnt[11].

---

[9] Siehe: Neumann, Klaus, Vernichtungskrieg-Verbrechen der Wehrmacht 1941-1944. Hamburg 1995, S. 93
[10] Quelle.: Knopp, Guido, Die Gefangenen. München 2003, S. 205
Andere Quellen sprechen allerdings von anderen Zahlen. Meist schwankt die Zahl zwischen 8.000 bis maximal 25.000 Arbeitslagern, zumal provisorische/vorrübergehende Arbeitslager in Frontnähe statistisch schwer zu erfassen sind.
[11] Quelle: http://www.wollheim-memorial.de/de/zwangsarbeit_in_landwirtschaft_und_kleinen_betrieben

Im kriegswichtigen Bergbau wurden in großem Umfang Zwangsarbeiter eingesetzt. In den Höchstzeiten des Zwangseinsatzes im Sommer 1944 waren es im gesamten Reich um die 430.000 Zivilarbeiter und Kriegsgefangenen. Davon waren allein 120.000 sowjetische Gefangene, „Ostarbeiter" und italienische Militärinternierte im Ruhrbergbau beschäftigt. Einige Quellen sprechen von über 350.000 Zwangsarbeitern auf den dortigen Zechen, bei etlichen Betrieben bestanden über 45 % der Belegschaft aus zur Arbeit gezwungenen Menschen[12].

Zwangsarbeiter wurden auch beim Bau von Militäranlagen oder Frontarbeiten, wie der Aushebung von Gräben und Entschärfung von Minen, eingesetzt. Nach Luftangriffen wurden Zwangsarbeiter oft zur Brandlöschung, Trümmerbeseitigung, Leichenbergung, Hilfe bei der Beisetzung und zur Beseitigung der Schäden herangezogen.

Zu ergänzen ist, dass die wirtschaftliche Ausbeutung der Zwangsarbeiter eng mit dem politisch- militärischen Apparat der NSDAP, bzw. SS als Betreuer der Lager verbunden war. Betriebe die Zwangsarbeiter aus Lagern einsetzten, entrichteten hierfür eine Gebühr an die SS. Auch der wirtschaftliche Ertrag aus lagereigenen Betrieben floss unmittelbar dieser Organisation zu[13].

7. Rahmenbedingungen,

1) Arbeitslager

Die Arbeitslager variierten je nach Abstammung der Untergebrachten. West-alliierte Kriegsgefangene waren in der Regel in Lagern gemäß der Genfer Konvention untergebracht, also mit einem Mindestmaß an sanitären Einrichtungen, eine Krankenstation mit qualifizierten Lagerärzten (nicht selten auch mit entsprechend ausgebildeten Kriegsgefangenen besetzt), Schlafunterkünften und einer Essensverteilung. Häufig wurden Kriegsgefangene auch selber zum Bau des Lagers und Ausbesserungsarbeiten eingesetzt, was allerdings je nach Härte der Arbeit bereits ein Verstoß gegen die Konvention sein konnte. Im Verlaufe des Krieges wurden diese Lager meist mit Produktionswerkstätten, z.B. Nähereien erweitert.

Bei den Arbeitslagern für osteuropäische Zwangsarbeiter und Kriegsgefangene sah es allerdings anders aus. In der Regel bestanden die Gefangenenlager lediglich aus Stacheldraht, sanitäre Einrichtungen oder sogar Schlafunterkünfte wurden meist als „überflüssig" angesehen. Die Lebensmittelversorgung war ebenfalls mangelhaft, falls überhaupt vor-

---

[12] Vergleiche: Verbrechen der Wehrmacht 1941-1945; Hannes Heer und K. Naumann; S. 102
[13] Quelle: http://www.welt.de/print-welt/article50627/Im-Schatten-Schindlers.html

handen[14]. Aus Sicht des NS-Regimes Sicht hatte das Leben eines Osteuropäers keinen Wert.

Dies änderte sich jedoch mit dem drastischen Bedarf an Arbeitskräften ab 1942. Osteuropäische Kriegsgefangene wurden jetzt zur Arbeit, hauptsächlich in der Kriegsindustrie, eingesetzt, allerdings änderten sich die Haftbedingungen kaum. Zwar verbesserten sich Lebensmittelversorgung und die Unterbringung, die sanitären Bedingungen waren immer noch katastrophal. Krankheiten und Schwächung durch den Arbeitseinsatz sorgten dafür, dass Schätzungen zufolge über die Hälfte der ca. 2,8 Millionen sowjetischen Zwangsarbeiter in deutscher Gefangenschaft starben.

2) Behandlung der ZA durch Arbeitgeber und Bevölkerung

Die Lebensbedingungen in den Zivilarbeiterlagern waren sehr unterschiedlich. Abgesehen von Handlungsspielräumen der Lagerleitung spielte die NS-Rassenideologie bei der Gestaltung der Haftbedingungen die maßgebliche Rolle: Während die Lebens- und Arbeitsbedingungen westeuropäischer Arbeitskräfte zumindest anfangs noch weniger restriktiv (den Genfer Konventionen entsprechend) waren, hatten Lager für die als „fremdvölkisch" klassifizierten osteuropäische Zwangsarbeiterinnen und Zwangsarbeiter von vornherein den Charakter von Haftstätten. Lager für osteuropäische Zwangsarbeiterinnen und Zwangsarbeiter waren umzäunt und bewacht, die Inhaftierten durch besondere Abzeichen an der Kleidung („P" für Polen, „OST" für „Ostarbeiter", die Bezeichnung für sowjetische Zivilarbeiter) gekennzeichnet. Bei geforderter höherer Arbeitsleistung wurden sie schlechter verpflegt als westeuropäische Arbeitskräfte, durften weder Radio hören noch Zeitung lesen und keinen Kontakt zur deutschen Zivilbevölkerung pflegen[15].

Insbesondere letzterer Punkt stand unter direkter Todesstrafe (für Zwangsarbeiter und mit den ersten militärischen Niederlagen auch für die deutsche Zivilbevölkerung!), da das NS-Regime verhindern wollte, dass vom Propagandaministerium „ungefilterte" Nachrichten von der Front die deutsche Bevölkerung erreichten. Jedoch war dies in einigen Einsatzbereichen, wie z.B. dem häuslichen Einsatz, in der Landwirtschaft oder in Fabriken mit deutschen Arbeitskräften und ausländischen Zwangsarbeitern, kaum kontrollierbar[16]. Zeitzeugenberichte geben Hinweise darauf, dass es durchaus Unterstützung aus der Zivilbevölkerung gab. Beispielsweise berichteten ehemalige Zwangsarbeiter, dass ihnen Lebensmittel

---

[14] Piper, Ernst, Das Zeitalter der Weltkriege 1914-1945. Bonn 2015, S. 137f.
[15] Siehe: Kalinowski, Cornelia, Jahrbuch Hochtaunuskreis 2007. Frankfurt am Main 2006, S. 253
[16] Siehe: Das Zeitalter der Weltkriege; Ernst Piper; S. 205

und andere Hilfsgüter zugesteckt wurden[17]. Ein bekannter Fall wird im dokumentarischen Spielfilm „Schindlers Liste" dargestellt[18]. Eine Hilfeleistung in solchem Ausmaß dürfte jedoch ein Einzelfall gewesen sein. Dennoch ist davon auszugehen, dass hier auch einige sonst „linientreue" deutsche Zivilbürger bewusst gegen die Anweisung des Regimes verstießen.

Schwere körperliche Arbeit, Repressionsmaßnahmen, mangelhafte Ernährung, fehlende medizinische Versorgung sowie katastrophale sanitäre Bedingungen führten zu Unterernährung, Entkräftung und im Verlauf des Krieges regelmäßig zum Tod von Zwangsarbeiterinnen und Zwangsarbeitern. Vor allem zum Ende des Krieges waren die Haftbedingungen in den Arbeitslagern überwiegend mit denen in Konzentrationslagern vergleichbar. Neben jüdischen Zwangsarbeiter/-innen hatten vor allem diejenigen aus der Sowjetunion und Polen die schlechtesten Überlebenschancen, da ihre im nationalsozialistischen Jargon bezeichnete „Vernutzung" während des Arbeitseinsatzes nicht nur kalkuliert hingenommen wurde, sondern aktiv als „Vernichtung durch Arbeit" im Sinne der nationalsozialistischen Weltanschauungspolitik durch das Deutsche Reich betrieben wurde. Kriegsgefangene Soldaten aus Frankreich, Großbritannien und den USA wurden meist gemäß den Konventionen behandelt und untergebracht, sie mussten also kaum körperlich anstrengende Zwangsarbeit verrichten. Die Militärführung wollte damit bei den Alliierten bewirken, dass deutsche Soldaten in Kriegsgefangenschaft im Gegenzug ebenfalls keine Zwangsarbeit verrichten mussten. Es ist jedoch davon auszugehen, dass diese Politik nicht den Soldaten wegen geführt wurde (schließlich war sich Ergeben und in Kriegsgefangenschaft geraten absolut untersagt für deutsche Wehrmachtssoldaten), sondern eine Verhinderung von zusätzlicher Arbeitskraft für die Alliierten das Ziel war.

Nur durch die Beschäftigung von Zwangsarbeitern konnte die NS-Führung der deutschen Bevölkerung bis Kriegsende einen relativ hohen Lebensstandard sichern und den massenhaften Einsatz von deutschen Frauen in der Wirtschaft lange vermeiden. Ohne den Arbeitseinsatz von Millionen Zwangsarbeitern, Kriegsgefangenen und Häftlingen aus den Konzentrationslagern wäre die Weiterführung des Kriegs für das Deutsche Reich spätestens ab 1942 mit Angriff auf die Sowjetunion nicht möglich gewesen.

Organisatorisch zuständig für die Rekrutierung und Verteilung von Zwangsarbeitern in Deutschland und den besetzten Gebieten waren Arbeitsverwaltung (z.B. die DAF),

---

[17] Vergleiche: Hitlers Helferinnen, Deutsche Frauen im Holocaust; Wendy Lower; S. 153
[18] Hintergrundinformation: http://www.geschichte-projekteannover.de/filmundgeschichte/uploads/dokumente/

Schutzstaffel (SS), Wehrmacht und zivile Besatzungsbehörden. Insbesondere in Arbeitslagern außerhalb des Reichgebietes, im Zuständigkeitsbereich der SS, wurden die meisten Kriegsverbrechen an Zwangsarbeitern begangen.

8. Folgen und Auswirkungen nach Kriegsende

Die befreiten Inhaftierten und Zwangsarbeiter wurden als sogenannte „Displaced Persons" durch die Alliierten in extra eingerichteten Lagern untergebracht und durch „UNRRA[19]", „JDC[20]", dem Internationalen Roten Kreuz und vielen weiteren Organisationen versorgt und betreut. In den ersten Monaten starben noch zahlreiche „Displaced Persons", da ihr Gesundheitszustand bei der Befreiung schlecht und die Versorgung mit Lebensmitteln, warmer Kleidung und Medikamenten durch die Alliierten mangelhaft war. Nach öffentlichen Berichten in den Medien der Heimatländer bessert sich die Situation aufgrund der höheren Spendebereitschaft der ungeschädigten Bevölkerung (z.B. Unternehmer in den USA und Adlige in Großbritannien)

Leichen aus Massengräbern wurden exhumiert, identifiziert und einzeln bestattet. Zeugen wurden befragt, Beweise und Dokumente festgehalten, sofern sie nicht von den zuständigen Lagerverwaltungen kurz vor der feindlichen Übernahme vernichtet worden waren. Die im Rahmen der Ausländersuchaktion der UNRRA gewonnenen Erkenntnisse über Arbeits-, Konzentrationslager und Arbeitsstellen wurden 1949 erstmals im „Catalogue of Camps and Prisons" (kurz: CCP) veröffentlicht.

Die Repatriierung der befreiten russischen und polnischen Zwangsarbeiter gestaltete sich wegen ihrer Anzahl, der Verwüstungen in ihren Heimatländern und der politischen Umbrüche (Westverschiebung Polens, Ausbreitung kommunistischer Zwangsregime) schwierig. Teilweise wurden die Zwangsarbeiter in ihren Heimatländern fälschlich als Kollaborateure verfolgt, erneut interniert in „Untersuchungslagern" und sogar hingerichtet. Das letzte Lager in Deutschland für „Displaced Persons" (Föhrenwald) konnte erst 1957 geschlossen werden[21].

Schwerer zu bewerten, aber offensichtlich, sind die wirtschaftlichen Folgen für die Herkunftsregion, die durch den Verlust von Arbeitskräften wirtschaftlich geschwächt und ausgeblutet wurden. Ganze Generationen von arbeitsfähigen Männern und Frauen waren

---

[19] „United Nations Relief and Rehabilitation Administration"
[20] „Joint Distribution Committee"
[21] Quelle: http://www.zwangsarbeit-archiv.de/zwangsarbeit/entschaedigung/entschaedigung-2/index.html

verschleppt worden, häufig blieben ganze Dörfer nur von Alten und Kranken bewohnt zurück.

9. Geschichte der Entschädigung[22]

Angesichts der hohen Zahl der Betroffenen (über 8 Millionen), die wegen Zwangsarbeit für das Deutsche Reich Anspruch auf finanzielle Entschädigung gehabt hätten, zusätzlich zu den Forderungen der rassistisch Verfolgten (insb. enteignete jüdische Familien) und den Reparationsansprüchen der Siegermächte, bemühte sich die neue politische Führung in Deutschland um eine Minimierung der Entschädigungszahlungen. Aufgrund des Marshallplans stand allerdings zuerst der Wiederaufbau, bei dem wegen des finanziellen Notstandes keine Entschädigungen gezahlt werden konnten, im Fokus.

Das erst 1953 in Kraft getretene Bundesentschädigungsgesetz schloss im Ausland lebende sowie nicht rassistisch oder politisch Verfolgte weitgehend von seinen Leistungen aus. Im parallel abgeschlossenen Londoner Schuldenabkommen gelang es der Bundesrepublik, die Entschädigung von ausländischen Zwangsarbeiterinnen und Zwangsarbeitern rechtlich als "Reparationsansprüche" zu definieren und damit auf die Verhandlungen um einen endgültigen Friedensvertrag zu verschieben.

Zur Beförderung der Westintegration leistete die Bundesrepublik lediglich Zahlungen an einzelne Staaten in Form sogenannter Globalabkommen, nämlich 1952 an Israel (3,5 Mrd. DM als materielle Aufbauhilfe) sowie zwischen 1959 und 1964 an mehrere westeuropäische Staaten (insgesamt 0,9 Mrd. DM). In dieser Phase zahlten auch mehrere Großunternehmen einige Millionen DM an die Jewish Claims Conference. Die DDR lehnte aufgrund ihres Selbstverständnisses als antifaschistische Neugründung jegliche Entschädigung für ausländische NS-Opfer ab. Nach der Wiedervereinigung Deutschlands im Jahr 1990 folgten im Zuge des 2+4-Vertrags noch einmal Globalabkommen mit Polen (500 Mio. DM) sowie mit Weißrussland, der Ukraine und Russland (zusammen eine Milliarde DM). Russland und Weißrussland hatten dabei auch die NS-Opfer in den inzwischen souveränen baltischen Staaten zu berücksichtigen. Mit diesen Zahlungen sahen Regierung und Wirtschaft ihre Verantwortlichkeit damals als erfüllt an.

Erst Ende des 20. Jahrhunderts beschäftigte die Entschädigung der Zwangsarbeiterinnen und Zwangsarbeiter wieder die nationale und internationale Öffentlichkeit. Die ersten poli-

---

[22] Hier gibt es einige sehr ausführlich gestaltete Onlinequellen von staatlichen Organisationen:
  http://www.zwangsarbeit-archiv.de/zwangsarbeit/entschaedigung/entschaedigung-2/index.html
  http://www.auswaertiges-amt.de/DE/Aussenpolitik/InternatRecht/Entschaedigung_node.html
  http://www.tagesspiegel.de/politik/deutschland/bundesstiftung-entschaedigung-fuer-

tischen Initiativen der Bundestags-Grünen, des Europa-Parlaments oder der Aktion Sühnezeichen Friedensdienste blieben noch erfolglos.

Erst der juristische und politische Druck in den USA konnte die Blockade Ende der 1990er Jahre aufbrechen. 1998 einigten sich die Fraktionen des Bundestags darauf, eine Stiftung zur Entschädigung von Zwangsarbeit unter finanzieller Beteiligung der deutschen Wirtschaft einrichten zu wollen. Parallel dazu führten Sammelklagen und Boykottdrohungen in den USA zur Gründung der "Stiftungsinitiative der deutschen Wirtschaft", in der vor allem die exportorientierten Großunternehmen eine Beteiligung an einer humanitären Geste – ohne ein Schuldeingeständnis – anboten. Als Bedingung verlangten sie die Zusicherung von "Rechtssicherheit" für die Unternehmen vor weiteren Klagen in den USA.

Nach langwierigen internationalen Verhandlungen wurde am 12. August 2000 durch ein Bundesgesetz die Stiftung "Erinnerung, Verantwortung und Zukunft" (EVZ) gegründet. Deutsche Unternehmen beteiligten sich mit rund fünf Milliarden DM an dem 10-Mrd.-DM-Fonds zur Entschädigung der ehemaligen ZwangsarbeiterInnen und anderer NS-Opfer sowie zur Einrichtung eines speziellen Fonds "Erinnerung und Zukunft". Nach Feststellung der "Rechtssicherheit" durch den Bundestag am 30. Mai 2001 konnten die Auszahlungen beginnen.

Die Regelung der Entschädigung mittels einer Stiftung sollte unbürokratisch sein und den Unternehmen, aber auch den betagten Opfern individuelle Gerichtsverfahren ersparen. In der Tat hätten die wenigsten Überlebenden das Ende solcher langwierigen Prozesse noch erlebt. Dennoch war die Entschädigung unterschiedlichster Opfergruppen in verschiedenen Ländern ein recht kompliziertes Verfahren, das in Kooperation mit sieben internationalen "Partnerorganisationen" umgesetzt wurde. Diese waren für die Antragsannahme, die Feststellung der Leistungsberechtigung und die Auszahlungen zuständig. Ihr jeweiliger Finanzrahmen war in den internationalen Verhandlungen vorab festgelegt worden.

Aus dem Gesamtfonds von rund 4,6 Mrd. Euro zahlte die Stiftung EVZ Entschädigungen insbesondere an ehemalige KZ-Häftlinge und an deportierte mittel- und osteuropäische Zivilarbeiterinnen und Zivilarbeiter. Über 1,6 Millionen Überlebende erhielten einmalige Zahlungen, die je nach Herkunftsland und Schwere der Lagerbedingungen differierten.

KZ- und Ghetto-Häftlinge erhielten den Maximalbetrag von 7669 Euro (Kategorie A), Inhaftierte in Arbeitserziehungslagern und sogenannten "anderen Haftstätten" bekamen zwischen 3068 und 7669 Euro, Zwangsarbeiterinnen und Zwangsarbeiter in der Industrie in der Regel 2556 Euro (Kategorie B).

Die Partnerorganisationen konnten dank einer Öffnungsklausel im Rahmen ihrer finanziellen Mittel weitere Opfergruppen berücksichtigen. Im Rahmen der Öffnungsklausel erhielten u. a. in der Landwirtschaft Eingesetzte und Kinderhäftlinge zwischen 536 und 2235 Euro. Wenn die Betroffenen nach 1999 verstorben waren, hatten die Angehörigen Anspruch auf die Leistung. Gesonderte Entschädigungen wurden aus den weiteren Mitteln der Stiftung für Versicherungs-, Vermögens- und "sonstige Personenschäden" gezahlt.

Aufgrund vorheriger internationaler Vereinbarungen wurden Kriegsgefangene von dem Gesetz nicht berücksichtigt, sofern sie nicht nachweislich in Konzentrationslagern inhaftiert waren. Auch die 1943 gefangen genommenen Italienischen Militärinternierten erhielten keine Entschädigung. West- und südeuropäische Zwangsarbeiter/-innen wurden nur anerkannt, wenn sie unter Haftbedingungen arbeiten mussten. Menschen, die in ihrem eigenen Heimatland von den Deutschen zur Arbeit gezwungen worden waren, wurden in Tschechien, Polen und Weißrussland berücksichtigt. Diese juristische Absicherung ersparte Deutschland einiges an Zahlungen, führte allerdings auch zu Benachteiligung und zu Unrecht nicht entschädigten Zwangsarbeitern.

Der finanzielle Aspekt der Entschädigung war angesichts der bedrückenden Armut vieler älterer Menschen in Osteuropa für die Betroffenen überaus wichtig, hatte aber eher symbolischen Charakter und konnte in keiner Weise körperliche oder seelische Schäden wiedergutmachen. Daneben haben die Debatte um die Entschädigung, das Nachweis- und Auszahlungs-Verfahren selbst sowie die folgenden Aktivitäten der Stiftung und anderer Initiativen (Begegnungsprogramme mit Überlebenden, Ausstellungen zum Thema Zwangsarbeit usw.) dazu beigetragen, die lange vergessenen Opfer der Zwangsarbeit wieder ins öffentliche Gedächtnis zu rufen, in ihren Heimatländern ebenso wie in deutschen Kommunen und Betrieben.

10. Fazit/Wertung

Zwangsarbeit kam in unterschiedlichen Formen vor: Von nach internationalen Konventionen durchaus noch zulässigen (Einsatz von Kriegsgefangenen), bis hin zu Vernichtung durch Arbeit. Festzuhalten ist die enge wirtschaftliche Verflechtung mit der NSDAP und der Rüstungsindustrie. Neben der bewussten Vernichtung von ethnischen Gruppen stellt die Zwangsarbeit definitiv eines er schwerwiegendsten Verbrechen des nationalsozialistischen Regimes dar.

Die Aufarbeitung dieses Unrechts bis zu Zahlung von Entschädigungen hat Deutschland noch bis in dieses Jahrtausend beschäftigt. Zahlreiche Unternehmen mussten bekennen, dass sie von dieser Form der Zwangsarbeit profitier haben. Teilweise dauert die Aufarbeitung noch bis heute an.

Weil der Einsatz von Zwangsarbeitern in zahlreichen Einsatzgebieten und unter Augen der Öffentlichkeit geschah, kann man auf eine breite Mitwisserschaft und Mitschuld schließen. Es sind noch vergleichsweise wenige Fälle dokumentiert, in denen Zivilisten Zwangsarbeitern geholfen haben; aber immerhin gibt es entsprechende Zeitzeugenberichte. Eine Abwägung der Schuld ist aufgrund der Datenlage schwierig, zumal (noch) die historische Schuld des Holocausts das Thema Zwangsarbeit in zahlreichen Dokumentationen dominiert. Positiv zu erwähnen sind dabei die Materialsammlungen der Bundeszentrale für politische Bildung, die dieses Thema ausreichend und leicht zugänglich aufbereitet hat. Zwangsarbeit ist jedenfalls ein wichtiger Teilaspekt der Verbrechen in der NS-Zeit, der nicht in Vergessenheit geraten sollte und noch weiterer Aufarbeitung bedarf.

Im Rückblick scheint es erstaunlich, dass die Wiedergutmachung und Entschädigung so zögerlich verlaufen ist, schließlich belief sich die Zahl der Betroffenen Einzelpersonen und Institutionen (Stadtverwaltungen, geschädigte Firmen etc.) auf eine zweistellige Millionenzahl. Vor dem Hintergrund der deutschen Geschichte ist es umso wichtiger, dass die internationale Staatengemeinschaft und Öffentlichkeit in Konfliktsituationen und gegenüber Regimen, die sich Menschrechtsverletzungen zuschulden kommen lassen, auf strikte Wahrung der internationalen Konventionen sensibilisiert bleibt.

11. Quellen:

Literaturverzeichnis:

Editionen und Sammelausgaben:
- Neumann, Klaus, Vernichtungskrieg-Verbrechen der Wehrmacht 1941-1944. Hamburg 1995.
- Knopp, Guido, Die Gefangenen. München 2003,
- Piper, Ernst, Das Zeitalter der Weltkriege 1914-1945. Bonn 2015 (Bundeszentrale für politische Bildung), S. 136-159
- Lingens-Reiner, Ella, Auschwitz. Zeugnisse und Berichte, Bonn 2014 (Bundeszentrale für politische Bildung)
- Mommsen, Hans, Das NS-Regime und die Auslöschung des Judentums in Europa. Göttingen 2014
- Neitzel, Sönke, Soldaten. Protokolle vom Kämpfen, Töten und Sterben, Frankfurt am Main 2011[5]
- Tofahrn, Klaus W., Chronologie des Dritten Reiches. Ereignisse-Personen-Begriffe, Darmstadt 2003, S. 73, 89, 96, 99
- Aleff, Eberhard, Edition Zeitgeschichte. Das 3. Reich, Hannover 1970[21]
- Kalinowski, Cornelia, Jahrbuch Hochtaunuskreis 2007. Frankfurt am Main 2006, S. 253-260

Zeitschriften und Fachzeitschriften:
- Faulenbach, Jürgen, Informationen zur politischen Bildung 251: Nationalsozialismus (Teil 1). Von den Anfängen bis zur Festigung der Macht, 2003 (Neuauflage)
- Faulenbach, Jürgen, Informationen zur politischen Bildung 266: Nationalsozialismus (Teil 2). Führerstaat und Vernichtungskrieg, 2004 (Neuauflage)